기뻐하며 주님을 섬겨라.

(시편 100,2)

Gerhard Mester
Bruder Franz

© 2016 St. Benno Verlag GmbH, Leipzig, Germany
All rights reserved.
www.st-benno.de

Translated by Park Gookbyung
Korean translation copyright © 2016 by Benedict Press, Waegwan, Korea.

Korean translation rights arranged with St. Benno Verlag GmbH.

이 책의 한국어판 저작권은 St. Benno Verlag GmbH와 독점 계약한 분도출판사에 있습니다.
저작권법에 의해 한국 내에서 보호를 받는 저작물이므로 무단 전재와 무단 복제를 금합니다.

형제 프란치스코
그림으로 만나는 다정한 교황님

게르하르트 메스터 글·그림 ● 박국병 옮김

분도출판사

너희는 젖을 빨고 팔에 안겨 다니며 무릎 위에서 귀염을 받으리라.

(이사 66,12)

주님이며 스승인 내가 너희의 발을 씻었으면,
너희도 서로 발을 씻어 주어야 한다.

(요한 13,14)

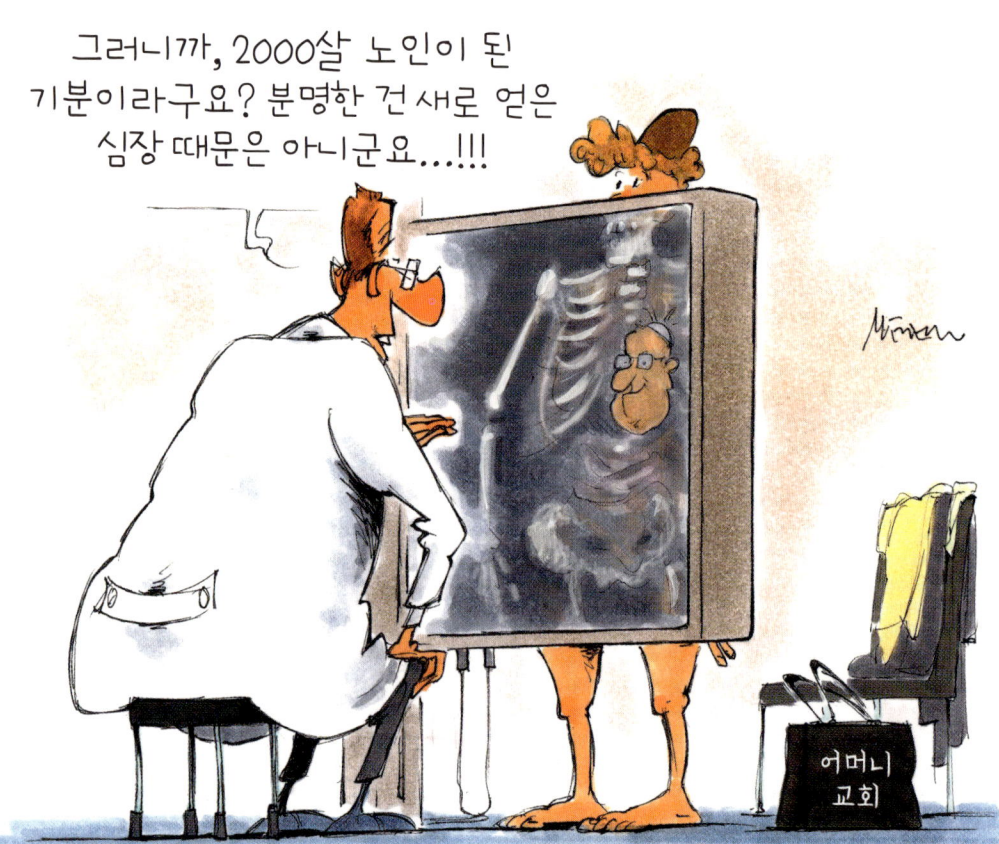

너희 몸에서 돌로 된 마음을 치우고, 살로 된 마음을 넣어 주겠다.

(에제 36,26)

그러므로 여러분은 먹든지 마시든지, 그리고 무슨 일을 하든지
모든 것을 하느님의 영광을 위하여 하십시오.

(1코린 10,31)

태양 아래에서 애쓰는 모든 노고가 사람에게 무슨 보람이 있으랴?

(코헬 1,3)

누구든지 첫째가 되려면,
모든 이의 꼴찌가 되고 모든 이의 종이 되어야 한다.

(마르 9,35)

너희는 가진 것을 팔아 자선을 베풀어라.

(루카 12,33)

주님께서는 모세의 충실함과 온유함을 보시고
그를 거룩하게 하시어 만인 가운데에서 그를 선택하셨다.

(집회 45,4)

너는 어찌하여 형제의 눈 속에 있는 티는 보면서,
네 눈 속에 있는 들보는 깨닫지 못하느냐?

(마태 7,3)

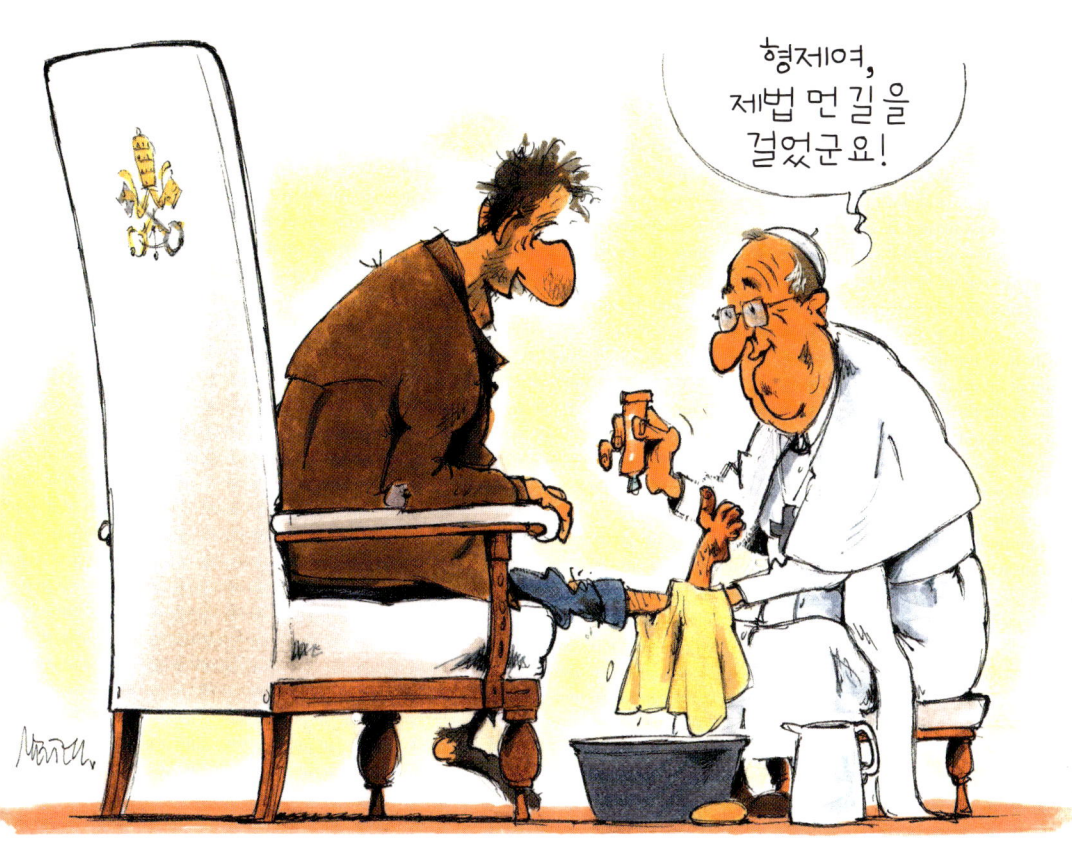

너희가 내 형제들인 이 가장 작은 이들 가운데
한 사람에게 해 준 것이 바로 나에게 해 준 것이다.

(마태 25,40)

새들에게 설교하는 프란치스코

하늘의 새들을 눈여겨보아라.
그것들은 씨를 뿌리지도 않고 거두지도 않을 뿐만 아니라
곳간에 모아들이지도 않는다.
그러나 하늘의 너희 아버지께서는 그것들을 먹여 주신다.

(마태 6,26)

어린이들이 나에게 오는 것을 막지 말고 그냥 놓아두어라!

(루카 18,16)

바람은 불고 싶은 데로 분다.
너는 그 소리를 들어도 어디에서 와 어디로 가는지 모른다.
영에서 태어난 이도 다 이와 같다.

(요한 3,8)

여러분 쪽에서 할 수 있는 대로, 모든 사람과 평화로이 지내십시오.

(로마 12,18)

청하여라, 너희에게 주실 것이다.
찾아라, 너희가 얻을 것이다.
문을 두드려라, 너희에게 열릴 것이다.

(루카 11,9)

내가 인간의 여러 언어와 천사의 언어로 말한다 하여도
나에게 사랑이 없으면
나는 요란한 징이나 소란한 꽹과리에 지나지 않습니다.

(1코린 13,1)

두 사람이나 세 사람이라도 내 이름으로 모인 곳에는
나도 함께 있기 때문이다.

(마태 18,20)

나는 착한 목자다. 나는 내 양들을 알고 내 양들은 나를 안다.

(요한 10,14)

그곳 친구들 한 사람 한 사람에게 안부를 전해 주십시오.

(3요한 1,15)

그 이름의 영광을 노래하여라. 영광과 찬양을 드려라!

(시편 66,2)

너희와 함께 머무르는 이방인을
너희 본토인 가운데 한 사람처럼 여겨야 한다.
그를 너 자신처럼 사랑해야 한다.

(레위 19,34)

스승님, 어디로 가시든지 저는 스승님을 따르겠습니다.

(마태 8,19)

*하느님의 백성, 곧 교회를 뜻한다.

게으른 자는 제가 사냥한 것도 굽지 않지만
부지런한 사람은 귀중한 재산을 얻는다.

(잠언 12,27)

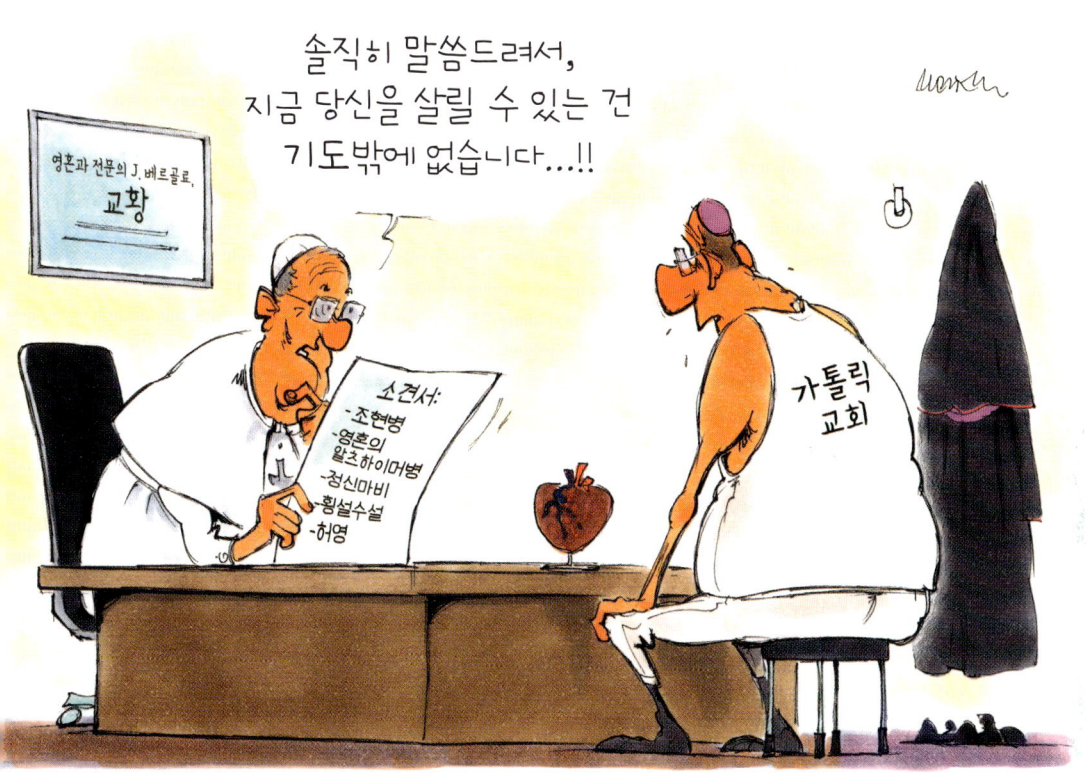

네 파멸이 바다처럼 큰데 누가 너를 낫게 하리오?

(애가 2,13)

행복하여라, 의로움에 주리고 목마른 사람들! 그들은 흡족해질 것이다.

(마태 5,6)

여러분은 잘 달리고 있었습니다.
그런데 누가 여러분을 가로막아 진리를 따르지 못하게 하였습니까?

(갈라 5,7)

"나의 집은 기도의 집이 될 것이다."라고 기록되어 있다.
그런데 너희는 이곳을 "강도들의 소굴"로 만들어 버렸다.

(루카 19,46)

미천한 이들은 자비로 용서를 받지만
권력자들은 엄하게 재판을 받을 것이다.

(지혜 6,6)

또 내가 헐벗었을 때에 입을 것을 주었고,
내가 병들었을 때에 돌보아 주었으며,
내가 감옥에 있을 때에 찾아 주었다.

(마태 25,36)

그들은 옛 폐허들을 복구하고 오랫동안 황폐한 곳들을
다시 일으키리라. 폐허가 된 도시들, 대대로 황폐한 곳들을
새로 세우리라.

(이사 61,4)

*교황의 존칭

형제애로 서로 깊이 아끼고, 서로 존경하는 일에 먼저 나서십시오.
(로마 12,10)

너는 내가 보내면 누구에게나 가야 하고
내가 명령하는 것이면 무엇이나 말해야 한다.

(예레 1,7)

게르하르트 메스터 Gerhard Mester
1956년 독일 베츠도르프에서 태어났다. 1978년부터 1984년까지 그래픽디자인을 전공한 이래, 「Deutsches Allgemeines Sonntagsblatt」 「Publik-Forum」 「Wiesbadener Kurier」 등 다양한 신문과 잡지에서 시사만화가로 활동하고 있다. 『진심으로 환영합니다』(공저), 『삶은 드넓은 바다와 같지…』(공저) 등의 작품집을 출간했고, 2012년에는 '독일 신문발행인협회'(BDZV)로부터 시사만화상을 받았다.

박국병
대전에서 태어났다. 대학에서 심리학을 공부했고, 현재 분도출판사에서 책을 만든다.

형제 프란치스코
그림으로 만나는 다정한 교황님

2016년 7월 1일 교회 인가
2016년 8월 4일 초판 1쇄

지은이   게르하르트 메스터
옮긴이   박국병
펴낸이   박현동
펴낸곳   성 베네딕도회 왜관수도원 ⓒ 분도출판사

등록   1962년 5월 7일 라15호
주소   39889 경북 칠곡군 왜관읍 관문로 61
전화   02-2266-3605(출판사업부) · 054-970-2400(인쇄사업부)
팩스   02-2271-3605(출판사업부) · 054-971-0179(인쇄사업부)
홈페이지 www.bundobook.co.kr

ISBN 978-89-419-1612-3 07230
값 9,800원